MICHAEL APITZ

EINTRACHT FRANKFURT
DAS MALBUCH

SOCIETÄTS
VERLAG

Alle Rechte vorbehalten • Societäts-Verlag
© 2018 Frankfurter Societäts-Medien GmbH
Illustrator: Michael Apitz
Satz: Julia Desch, Societäts-Verlag
Umschlaggestaltung: Julia Desch, Societäts-Verlag
Umschlagabbildungen: Michael Apitz
Druck und Verarbeitung: Print Consult GmbH, München
Printed in EU 2018

ISBN 978-3-95542-300-1

VORWORT

Es war ein schöner, milder Nachmittag. Michael Apitz und ich saßen auf einer kleinen Mauer im Schatten des Stadions gegenüber vom Eintracht-Museum und waren, wie man so sagt, bester Dinge! Denn auch wenn wir zu diesem Zeitpunkt noch gar nicht so richtig wussten, was genau für ein Buch wir da zusammen machen wollten, war klar, dass wir eines machen würden! Und während wir da hockten, unterhielten wir uns von Minute zu Minute immer angeregter über unser bevorstehendes Projekt. Schnell waren wir uns einig, dass unser Buch über die Eintracht anders werden musste als die, die es schon gab. Also nichts mit Statistiken oder alten Schwarz-Weiß-Fotos. Eine Art Familienbuch sollte es werden, mit dem auch Kids etwas anfangen konnten.

Um es abzukürzen: In dieser halben Stunde, die wir da saßen, drauflos babbelten und dabei wild gestikulierten, um dem Gesagten noch ordentlich Nachdruck zu verleihen, purzelten die Ideen nur so durcheinander. Es war ein bisschen wie das Brainstorming von zwei Irren. Als schließlich Matze Thoma – der Leiter des Eintracht-Museums, mit dem wir uns verabredet hatten, um ihn als Ratgeber mit ins Boot zu nehmen – die Tür vom Museum aufschloss, hatten wir zumindest schon mal ein grobes Konzept entwickelt.

Kein Jahr später erschien „Adlerträger", ein Buch über die Geschichte von Eintracht Frankfurt. Aus der Sicht eines neunjährigen Mädchens namens Lilli Pfaff, ihres Großvaters Bonifaz und eines Papageis namens „Adler" erzählt – der übrigens tatsächlich als Einziger glaubt, ein richtiger Adler zu sein! Eine der vielen guten Ideen von Michael!

Die Arbeit an diesem Buch war etwas Besonderes! Nicht nur, weil mich seine mitunter rasante Arbeitsweise, sein hohes zeichnerisches Niveau, seine Zuverlässigkeit und seine Liebe zum Detail (die man auch in diesem Buch immer wieder entdecken wird) nachhaltig beeindruckt haben. Ich durfte jetzt tatsächlich mit jemandem arbeiten, den ich bis dahin nur aus der Ferne bewundert hatte. Dessen Fan ich ab dem Moment gewesen war, als ich das erste Mal einen seiner Eintracht-Comics in den Händen gehalten hatte. Diese Kombination aus hoher Zeichenkunst, unfassbar treffsicher karikierten Gesichtern der jeweiligen Protagonisten (eine Fähigkeit, die ich nicht mal ansatzweise nachvollziehen kann!) und Michaels schlauem Humor hatte mich seinerzeit schneller um den Finger gewickelt als ich gucken konnte.

Und mit ihm konnte ich jetzt zusammen ein Buch kreieren! Wobei ich zu diesem Zeitpunkt all seine anderen wunderbaren Comics wie „Karl den Spätlesereiter" oder auch seine großartigen Gemälde noch gar nicht kannte.

Jetzt, einige Zeit nach unserer Zusammenarbeit, kann ich mit gutem Gewissen sagen: Ich kenne außer meinem Badesalz-Partner Gerd niemanden, der einen Vorschlag oder eine Idee so schnell aufgreifen, umsetzen oder auch ausbauen kann wie Michael!

Der übrigens auch ziemlich ehrgeizig ist. Als ich ihn eines Abends anrief, um ihm zu sagen, dass der Verlag recht dringend ein Titelbild des Buches bräuchte, um es in der Programmvorschau abzubilden, reagierte er aufgrund seiner vielen anderen Verpflichtungen zunächst etwas genervt. Er hätte dafür noch keine Zeit, das schaffe er frühestens in ein paar Monaten, hätte man ihm eher sagen müssen usw. „Gut", antwortete ich, „dann klappt das halt nicht. Ist ja nicht schlimm! Dann sollen sie halt statt einem Cover einfach nur einen weißen Buchdeckel abbilden und da den Titel draufschreiben." Keine zwei Stunden später bekam ich per Mail den fertig gezeichneten Buchtitel, den wir dann auch genau so genommen haben! Die Vorstellung, dass in einer Vorschau ein schnöder weißer Umschlag mit ein bisschen Schrift statt einer Zeichnung von ihm zu sehen gewesen wäre, hat er schlicht und einfach nicht ausgehalten. Was ich total nachvollziehen konnte!

Es war und ist für jemanden wie mich eine große Freude und Ehre, mit jemandem wie Michael Apitz zusammenzuarbeiten. Weil er mit seinen Zutaten jedes meiner Kapitel besser gemacht hat!

Einmal übrigens sogar größer! Als wir uns nämlich darauf verständigt hatten, dass Lilli acht Jahre alt sein soll, schickte er mir mitten in der Nacht das allererste Bild von ihr. Ich schrieb ihm zurück, dass ich es aus inhaltlichen Gründen doch besser fände, wenn sie schon neun Jahre alt wäre. Wenige Minuten später bekam ich per Mail ein neues Bild, auf dem sie jetzt neun war. Ich stutzte, weil sie eigentlich genauso aussah wie auf dem Bild davor. Bis ich merkte, wie er ihr Alter verändert hatte ... er hatte einfach ihre Beine etwas länger gemacht!

Viel Spaß beim Ausmalen!
Henni Nachtsheim

GRUSSWORT

Oft werden wir bei Veranstaltungen, Lesungen oder Pressekonferenzen gefragt, wie wir auf unsere Ideen und Themen kommen. Viele glauben, der Verlag wählt aus einer Vielzahl wunderbarer Manuskripte einfach die besten aus, macht mal einen Umschlag drumherum und freut sich dann über die rasanten Verkaufszahlen.

Das wäre natürlich nicht schlecht, in Wirklichkeit verhält es sich aber anders: Aus dem permanenten Gespräch zwischen Verlag und Autoren entstehen Konzepte, die sich meist vielfältig verändern, bis tatsächlich ein Buch daraus entsteht.

Natürlich kannten wir Michael Apitz durch seine Comics für die Heimspiel-Beilage der Frankfurter Rundschau. Besser kennengelernt haben wir ihn aber durch die Zusammenarbeit mit Henni Nachtsheim, der im Societäts-Verlag sehr erfolgreich seine „Eintracht-Tagebücher" herausgebracht hatte. Die Frage, ob und wie wir der Eintracht auch künftig im Programm treu bleiben sollten, führte zu den „Adlerträgern", einer witzigen Geschichte der Eintracht für die ganze Familie.

Da Michael bereits seit 2007 mit der Comic-Serie „Im Adler-Olymp" satirische Bildergeschichten über seinen Lieblingsverein geliefert hatte, stellte sich fast zwangsläufig die Frage, ob wir seine zahlreichen Aktivitäten – in den Serien „Im Herzen von Europa", für das Online-Forum „SGE4ever" oder auch auf seinem Facebook-Account – nicht in einem schönen Comic-Band zusammenfassen wollten. „Im Herzen von Europa" ist dann 2016 erschienen und fand großen

Zuspruch bei Jung und Alt – deutlich mehr, als wir es uns in unseren kühnsten Erwartungen vorstellen konnten.

Völlig außer Zweifel steht: Michael Apitz ist DER Zeichner der Frankfurter Eintracht. Bei den Fans bekannt und beliebt, unterhält er sein Publikum nun schon seit vielen Jahren mit liebevollen Karikaturen, Miniaturen und Comics, die das Geschehen in Bundesliga, Pokal und Europacup detailversessen mit Pinsel und Strich begleiten.

Warum also nicht einmal ein Ausmalbuch über Eintracht Frankfurt? Als wir in unserer Team-Runde den Trend zum kreativen Entspannen diskutierten, waren wir anfangs noch leicht unsicher, ob das funktionieren kann. Michael hat die Idee aber so begeistert aufgenommen, dass Autor und Verlag schon bald mit großem Eifer bei der Sache waren.

Herausgekommen ist dabei nun dieses schöne Buch, das zum Ausmalen von Spielern, Trainern, Stadion und Pokalen animieren soll. Wir wünschen Ihnen wohlige Momente beim Kolorieren von Meilensteinen auf dem Weg der Eintracht!

Das Team des Societäts-Verlags

Die Eintracht startet mit einem 1:0 gegen Hertha BSC in die neue Saison, Michael Apitz zeichnet zum ersten Mal im Stadionmagazin für seine Serie „Im Adler-Olymp" und greift den neuen Japan-Look im Team auf (August 2007). ▶

Ein Eintracht Honigkuchenpferd… lecker
und gut gelaunt.

Lilli Pfaff, Bonifaz Pfaff und „Adler" halten
der Eintracht die Daumen.

Bonifaz Pfaff, Lilli Pfaff und „Adler" am Frühstückstisch, an dem es erstaunlich ruhig zugeht. Vor allem Lilli ist sonst ein „Babbelkraftwerk". In der Nacht zuvor hat sie geträumt, dass Alex Meier zu ihr auf den Trainingsplatz gekommen ist. Opa Bonifaz und der schlaue Papagei haben ganz eigene Träume.

Assauer und Nickel staunen über die Frankfurter Version des Schalker Kreisels.

„Aber plötzlich geschah etwas Merkwürdiges. Er blinzelte mit den Augen. Was war denn das? Mit einem Male nämlich verschwamm Lillis Spiegelbild und statt ihr erschien plötzlich ... ein junger Mann in einem roten Trikot mit dunkler Hautfarbe ...“ Lillis anmutige Tanzbewegungen erinnern Opa Bonifaz an Jay-Jay Okocha (Tor des Jahres, 1993).

Unvergessene Momente: Nickel trifft per Scherenschlag auf dem Bieberer Berg zum 2:0 für die Eintracht (Mai 1971), der OFC steigt ab, die Eintracht bleibt drin.

90. Min.: Bernd Hölzenbein köpft im Sitzen das 2:0 gegen Dinamo Bukarest (November 1979), die Eintracht gewinnt 3:0 in der Verlängerung und im Frühjahr '80 auch den UEFA-Pokal.

Mehdi Mahdavikia und Albert Streit lassen sich von Jay-Jay Okocha sein Traum-Tor gegen Karlsruhe erklären.

Mit einem dynamischen Seitfallzieher gelingt Sébastian Haller das Tor des Monats gegen den VfB Stuttgart (Oktober 2017).

Der Übersteiger für die Ewigkeit: Jan-Aage Fjörtoft rettet mit seinem 5:1 gegen Kaiserslautern die Eintracht in letzter Sekunde vor dem Abstieg (Mai 1999).

Die Eintracht überwintert auf dem 4. Tabellenplatz, den Schneemann freut's (Dezember 2012)

2039 – Science-Fiction für Fans: Alles hat sich im Fußball geändert ... nur Oka Nikolov steht immer noch im Tor der SGE (379 Spiele für die Eintracht, 1994 bis 2013)

Die Eintracht feiert den 400sten Heimsieg in der Bundesliga, gegen Hertha BSC Berlin.

Bonifaz Pfaff und „Adler" spielen mit
Tennisball und Schuhkarton schon mal eine
Partie gegen Augsburg durch: „6:0 durch
Meier!"

Marco Russ und Patrick Ochs staunen.
Sotirios Kyrgiakos braucht ein größeres
Kopfballpendel und findet es am
Messeturm.

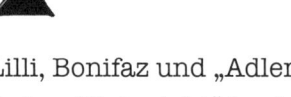

Lilli, Bonifaz und „Adler" spielen „Mensch ärgere Dich nicht" in einer Spezialversion gegen europäische Traditionsclubs: Real Madrid, Glasgow Rangers und Ajax Amsterdam.

Die Eintracht-Spieler und Trainer Skibbe feiern Weihnachten (Saison 2009/2010)

Theofanis Gekas überzeugt zunächst bei der Eintracht, trifft später aber nur noch selten (Saison 2010/2011), die Eintracht muss am Ende runter in Liga 2.

„Ja, wenn Bonifaz Spiele der Eintracht im Radio verfolgte, musste man auf der Hut sein!"

Alex Meier, der Fußballgott, thront über Frankfurt.

Die Mannschaft von Armin Veh verliert ihr Auftaktspiel in der Bundesliga gegen Hertha BSC in Berlin mit 1:6! Das nächste Spiel muss besser werden – aber der Gegner ist ein Schwergewicht! (2013)

TOOOOOOOR ...

„Und so bekam Lilli das 1:0 für die Eintracht nur deshalb mit, weil plötzlich eine Art Erdbeben das weite Rund erschütterte."

„Das ist der Original-Ball von dem berühmten Europapokal-Endspiel Eintracht gegen Real Madrid in Glasgow!" (Lilli, Bonifaz und „Adler" bewundern den Ball von 1960 im Eintracht-Museum).

Patrick Ochs, der Turbo auf der rechten Seite, spielt sich mit guten Leistungen in den Vordergrund (November 2009).

Lebende Maskottchen unter sich ... tierisch!

Bonifaz Pfaff träumt von
der besten Eintracht-
Mannschaft aller Zeiten,
also den Helden, Säulen
und Legenden!

Sebi Jung erspielt sich mit seiner lockeren und jugendlichen Art bei den SGE-Fans viele Sympathien und wird Stammkraft auf der rechten Abwehrseite (Saison 2010/2011).

Haris Seferovic gefällt in der noch jungen Saison durch Kampfkraft und Einsatzfreude. Die Fans spekulieren über die neuen Trainingsmethoden von Thomas Schaaf (September 2014).

Die Tabellensituation ist nicht rosig für die Eintracht, Punkte müssen her. Stefan Aigner entwickelt da so seine eigenen Ideen (November 2013).

Mit 19 Treffern wird Alex Meier Torschützenkönig der Saison 2014/2015, obwohl er wegen einer Patellasehnen-Operation in der Rückrunde lange ausfällt.

Der Adler babbelt sich warm vor dem Spiel gegen Werder Bremen. Er erinnert an einen 1:0 Sieg 1990 mit einem Tor von Jörn Andersen.

Vor dem Heimspiel gegen die Hertha ist Innenverteidiger Carlos Zambrano immer noch angeschlagen. Er will aber versuchen, mit einem Carbon-Panzer zu spielen (September 2015).

Den Urtrieb wecken! Noch immer hängt die Eintracht im Tabellenkeller fest. Gegen den damaligen Bundesliga-Dino HSV reicht es auch nur zu einem mageren 0:0 (Februar 2016).

Lilli läuft mit Alex Meier ein, die Kurve huldigt Bonifaz Pfaff und „Adler" macht den Attila!!

◄ Alex Meier im Herzen aller Eintracht-Fans.

Der Frankfurter Adler schenkt den Mainzelmännern schon mal ein „Törsche" ein. ►

Der Adler liegt auf der Intensivstation. Die Brüder Kovac übernehmen und sind überzeugt, die richtige Medizin für den siechenden Patienten zu haben (März 2016).

Vor dem Spiel gegen die TSG Hoffenheim spricht der Adler der Mannschaft Mut zu.

Alex Meier trifft immer, nach langer Leidenszeit auch wieder gegen den HSV (Mai 2018). Sein Vertrag wird am Ende der Saison aber nicht mehr verlängert, sehr zum Unmut der Fans.

Nico Kovac vollbringt wahre Wunder und hat Mühe, die Mannschaft auf den Boden der Tatsachen zurückzuholen. Alle träumen vom Europacup, so wie Marco Fabian (Oktober 2017).

„Was es mit diesem Spiel in Rostock auf sich hatte, wusste Lilli mittlerweile von Adler. Da hatte die Eintracht damals im letzten Spiel noch die Deutsche Meisterschaft vergeigt, es hatte irgendeinen Elfmeter nicht gegeben, jemand hatte nach dem Spiel eine Fernsehkamera kaputtgetreten und in ganz Hessen hatten sie danach tagelang geheult."

Auswärtssieg in Gladbach ... Kevin-Prince Boateng trifft und ist endgültig in Frankfurt angekommen! (September 2017)

Die Trainingseinheiten bei der Eintracht werden unter Kovac deutlich intensiver, übertroffen nur noch vom legendären Torwarttrainer „Moppes" Petz, der Lukas Hradecky ordentlich unter Beschuss nimmt.

Ist der Berliner Bär zu Gast, lächeln die Fans über den Flughafen BER, der scheinbar nie fertig werden wird.

Ohne Moos nix los. Rebic und Hrgota
machen Bekanntschaft mit der charmanten
Frankfurter Wasserhäuschen-Kultur.

Nach dem Pokalsieg gegen die Bayern
wird der Bembel endlich wieder
europäisch reisen (Mai 2018).

Charly Körbel und
seine Eintracht-
Fußballschule an
der Commerzbank-
Arena.

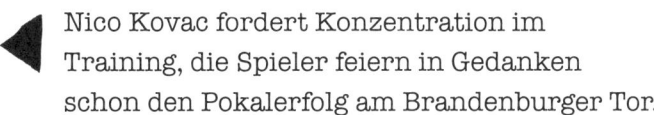

Nico Kovac fordert Konzentration im Training, die Spieler feiern in Gedanken schon den Pokalerfolg am Brandenburger Tor.

Wie im Vorjahr macht sich wieder eine riesige Fangemeinde auf den Weg nach Berlin, diesmal mit Happy End!

Und der Eintracht gelingt die Sensation, zweimal Rebic und Mijat Gacinovic treffen zum sensationellen 3:1 gegen Bayern München. Endlich ist er da, der Pokal!

Der Adler sucht Legenden fürs Finale und für den most wanted Pott, Lajos Detari war der letzte goldene Torschütze im Mai 1988.

Michael Apitz zeichnet am 20.05.2018 auf der Fanmeile in Berlin. Und die Eintracht-Fans feiern die unglaubliche Rückkehr der Adler!

◀ Skizze

Bleistiftzeichnung ▶

SCHWARZ, WEISS ...

Ich zeichne meine Comics von Hand. Immer noch ... obwohl es mittlerweile ausgefeilte Computer Zeichen-Programme gibt. Meinen speziellen „Strich" bekomme ich aber nur auf Papier hin: Zunächst entsteht die Skizze mit Bleistift – dann eine schwarz-weisse Reinzeichnung mit Tusche und Pinsel. Erst dann kommt der Computer ins Spiel. Die Zeichnungen werden gescannt und dann im Programm Photoshop koloriert. Der fertige Comic wird nun online veröffentlicht oder gedruckt.

Was ihr in diesem Malbuch findet, sind eigentlich meine gesammelten Eintracht-Comic-Reinzeichnungen der letzten Jahre seit 2007. Schwarz auf Weiß – BEST OF! Seit ein paar Jahren hat sich das Erscheinungsbild unserer EINTRACHT von schwarz-rot hin zu schwarz-weiß entwickelt. Ihr könnt die Zeichnungen also einfach so belassen und ihr seid voll im Trend ...

Wer aber Farbe hineinbringen will, kann seiner Fantasie gerne freien Lauf lassen. Für Fleißarbeiter: Rasen, Stadion, gegnerische Trikots ... es gibt viel zu kolorieren! Für Sparsame: Ein Rotstift genügt, damit kommt ihr schon ziemlich weit ...

Viel Spaß!!!   Euer Michael

Tuschezeichnung ▶

„Der treue Charly" präsentiert das neue EINTRACHT-Trikot. Aber diesmal kein Gemecker…ihr seid selbst der Designer! Malt das Trikot so, wie ihr es euch immer erträumt habt…